ロンドン

市内・近郊

ウェストミンスター

英国には成文法がない。その英国の国家権力の中枢を成すのが国会議事堂である。正式には「新ウェストミンスター宮殿」と呼ばれるこの建物は民主主義の象徴としてテムズ河岸に堂々と聳え、ここで上院と下院が議会を開き、審議を行い、法案を可決させる。元々はエドワード懺悔王が、近くに建つウェストミンスター寺院の警戒を怠らないために、ここに王宮（旧宮殿）を建てた。後に宮殿で、国王評議会と1265年の最初の議会が召集される。J.M.W. ターナー画『1834年10月16日、炎上する上院と下院』に見るように、旧宮殿は1834年に大火災で焼失した。新ウェストミンスター宮殿は建築家サー・チャールズ・バリーが手掛けたもので、建物内で進行する重要な任務に相応しくゴシック様式で再建された。

上：テムズ河岸に建つ
国会議事堂。
議会の開会中は
ヴィクトリア・タワーに
ユニオンジャックが翻る。
•

ウェストミンスター

緑色の下院議員席では与党が左側、野党が右側を占め、ここで政府の議事日程が進められる。下院議長が中央の議長席に着き、議事進行の統制を司る。650名の下院議員（MP）が国民に選出されてここで任務に就くわけだが、一度に収容できるのはその3分の2にすぎない！下院議場は1941年の空襲で破壊され、どちらかと言えばシンプルで形式ばらない雰囲気で再建された。銀箔を施した伝統あるメイス（職杖）は君主から下院に権威が託されていることを示すもので、特権と権力を象徴している。中央のテーブルに常に置かれ、議事が進行中であることを示す。

会期中は高さ95.7メートルの時計塔に照明が灯される。ビッグ・ベンとして親しまれているが、これは実際には13.5トンの巨大な時鐘を指すもので、BBCの時報にも使われ、世界中に知られている。

下：ビッグ・ベンが収められている時計塔。この時鐘の名が、チャンピオン・ボクサーのベンジャミン・カウントに由来するのか、時計塔建設の初代設立委員長だった議員のサー・ベンジャミン・ホールに由来するのかは不明。

・

左下：13.5トンの巨大な時鐘ビッグ・ベン。鋳造されたのは1858年4月10日の土曜、時計塔に収められ最初に鐘が鳴り響いたのは1859年5月31日。

ウェストミンスター

右：下院議員、上院議員、
君主が上院議場に集い、
国会開会式が催される。
女王が開会の言葉で政府の
審議予定を告げ、
国会開会が宣言される。

ウェストミンスター

上院議場はゴシック様式建築を代表するもので、鮮やかな赤で華麗に装飾が施されている。上院は一般に下院を補足する存在として知られており、重要度が高く論議の多い法案を再検討する役割を果たす。上院議長は、エドワード3世の時代まで遡る「ウールサック」と呼ばれる上院議長席に着く。上院議場には君主の王座が設けられており、そのためここが、議会とジェームズ1世の爆破を企てた1605年の火薬陰謀事件の舞台となった。ウィリアム征服王の子、ウィリアム赤顔王（ウィリアム2世）が建てた広大なウェストミンスター・ホールは1099年に完成したものだが、元の宮殿で現存するのはここだけである。ピューリタン革命中にチャールズ1世は、このウェストミンスター・ホールで裁判にかけられ死刑宣告を受けた。近年では、元首相サー・ウィンストン・チャーチル、エリザベス皇太后の遺体がここに安置された。

　国会開会式では、女王がヴィクトリア・タワー下のアーチに到着する。女王はそのまま上院議場に進み、黒杖官が女王の取次役として下院に遣わされる。この際、黒杖官の顔の前で下院の扉がばたんと閉められるのが伝統となっている。これは王権が下院に及ばないことを示すものだ。黒杖官は扉を3回叩いて入場の許可を求める。

下：戦没者記念碑はサー・エドウィン・ラチェンズが設計し1920年に建てられた。英霊記念日曜日には戦死者を記念する礼拝が行われ、赤いケシの花冠が供えられて、2分間の黙祷が捧げられる。

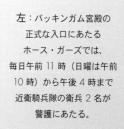

左：バッキンガム宮殿の正式な入口にあたるホース・ガーズでは、毎日午前11時（日曜は午前10時）から午後4時まで近衛騎兵隊の衛兵2名が警護にあたる。

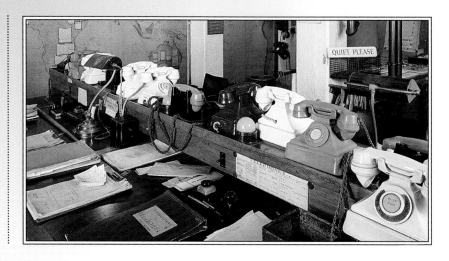

右：ホワイトホールの
キャビネット・ウォー・
ルームの簡素な宿所は、
1945 年当時のままに
保存されている。

その昔チューダー朝とスチュワート朝の君主たちの公邸として使われていたホワイトホールは 1698 年の火災で損壊し、無傷で残ったのはバンケティング・ハウスだけだった。かつて宮殿が建っていた辺りと境を成すダウニング街 10 番地は首相官邸だ。ダウニング街の両側には官庁が立ち並ぶ。通りの名は外交官でスパイ、宅地開発者だったジョージ・ダウニングにちなむもので、入口ホールには彼の肖像画が見られる。キング・チャールズ・ストリート地下のコンクリートで覆われたキャビネット・ウォー・ルームは、第二次大戦中にウィンストン・チャーチルを首相とする内閣が密かに閣議を開いていたところで、当時のままの様子を見学できる。付近に建つテート・ブリテンは、1500 年以降現在に至るまでの英国芸術の素晴らしいコレクションを所蔵する。

上：テムズ北岸の
ミルバンクに建つテート・
ブリテンでは、一棟全体に
J.M.W. ターナーの作品が
展示されている。
•
右：1903 年に竣工した
ウェストミンスター大聖堂。
内側は未完成だが、
美しい大理石とモザイクが
収められている。
•

ジョン・フランシス・ベントリーが設計したウェストミンスター大聖堂は旧刑務所跡に建ち、1,200 万個の赤レンガと白いポートランド石を使って建設された。印象的なストライプのビザンチン様式で、高さ 87 メートルの鐘塔（セント・エドワード・タワー）は遠くからでも目につく。高く載せられた十字架には、キリストの十字架の一部が収められている。身廊の広さはイングランド最大で、幅 18 メートルに及ぶ。中を飾る美術品のひとつに、エリック・ギルのレリーフ『十字架の道行き』がある。

ウェストミンスター

ウェストミンスター寺院

ウェストミンスター寺院の壮麗な建物内で、ウィリアム征服王以来、あらゆる戴冠式が執り行われてきた。また、ダイアナ元英皇太子妃、エリザベス皇太后など数多くの王室葬儀も執り行われた。ウェストミンスターはシティー・オブ・ロンドン（現在のシティー）の西に位置する修道院の意味でこう呼ばれるようになり、西暦 960 年からずっとここで礼拝が行われている。寺院を再建したのはエドワード懺悔王だが、今日目にする大部分は、1220 年から 1272 年にかけてヘンリー 3世の時代に建てられたものだ。印象的な寺院の外観は、宗教改革以来ほとんど姿を変えていない。

上：幾つものシャンデリアが架かるウェストミンスター寺院の身廊。聖歌隊席の内陣仕切りから西扉を望む。

•

左：サンサルバドルの大司教で人権擁護活動家のオスカル・ロメロ。西扉上を飾る 20 世紀殉教者像 10 体のひとつ。

西正面を飾るのは、人権擁護活動指導者マーティン・ルター・キングを始めとする 20 世紀の殉教者像だ。1998 年に除幕式が行われ、真理、正義、慈愛、平和を表す像 4 体の上にあったスペースに収められている。西扉の正面にはアン女王の像が建つ。建造に 150 年を要した身廊は中世ゴシックヴォールトとしてはイングランド最大の高さ 31 メートルを誇り、西大窓からこの身廊いっぱいに光が射し込む。外側では巨大なフライングバットレスが重量を分配させ、構造を支えている。ウォーターフォード社の華麗なクリスタルシャンデリア 16 個は、1965 年に寺院建立 900 周年を祝って造られたものだ。

垂直ゴシック様式で建てられた聖母礼拝堂（ヘンリー 7 世礼拝堂）はその美しさゆえに中世の偉業とされるが、ここにはヘンリー 7 世が眠る。チューダーの紋章で飾られた精緻な青銅のゲートは、おそらくトマス・デュシュマンによって造られたものだ。聖歌隊席は 1512 年に完成した。

元来は著述家の埋葬を意図したものではなかったが、詩人コーナーは、多くの著名な作家、劇作家、詩人が永眠する場所となっている。最初にここに埋葬されることになったのは、『カンタベリー物語』の著者ジェフリー・チョーサー（1343 ～ 1400 年頃）と『フェアリー・クイーン』を著した詩人のエドマンド・スペンサー（1553 ～ 1599 年）だった。

ウェストミンスター寺院

左：聖母礼拝堂（ヘンリー
7世礼拝堂）は色とりどりの
ナイト爵のバナー、
クレスト、マントに囲まれ、
これらが16世紀の木の
座席に彩りを添えている。
椅子の下にはミゼリコード
が美しく彫られ、天井に
目を向ければ精緻な
扇形ヴォールトが美しい。

1301年にエドワード1世は、エドワード懺悔王礼拝堂のすぐ外に置かれているオークのコロネーションチェアの製作を命じた。それより5年前、スコットランドから略奪して持ち帰ったスクーンの石を収めるためだった。オリジナルの金箔と繊細な模様の一部は歳月とともに失われてしまい、興味深いことに今では極印として彫り込まれた署名が見られる。この椅子は1953年のエリザベス2世の戴冠式を含めて、1308年以降ほぼすべての君主の戴冠式に使用されてきた。石は略奪されてから約700年後の1996年にスコットランドに返還された。内陣のすぐ東側に位置するエドワード懺悔王礼拝堂には同王の荘厳な金の聖廟が置かれ、ヘンリー5世を含む国王5人と女王4人の墓碑が収められている。礼拝堂は、凝った装飾でエドワード懺悔王の生涯を彫刻した15世紀の石の仕切りで覆われている。元々、装飾を施した石の基部、懺悔王の棺を収める金の聖廟、そして上からの天蓋の3部分でできていて、この天蓋は、聖廟を見せるために持ち上げることも、聖廟を保護するために降ろすこともできるものだった。何世紀にもわたって参拝者たちが尊い捧げ物を残して聖廟は飾り立てられ、非常に尊ばれて、奇跡の癒しが起こる希望を抱き、病人たちが近くで一夜を過ごすことがよくあった。

上：ディーンズ・ヤードから見たウェストミンスター寺院。美しい緑樹が寺院を見下ろして立つ。静けさに包まれた中で歴史ある眺めを楽しめる。

右：無名戦士の墓に置かれた大理石は第一次大戦の激戦地に近いベルギーから移送された。床にはめ込まれた墓碑で、ここだけは上を歩くことはできない。

BENEATH THIS STONE RESTS THE BODY
OF A BRITISH WARRIOR
UNKNOWN BY NAME OR RANK
BROUGHT FROM FRANCE TO LIE AMONG
THE MOST ILLUSTRIOUS OF THE LAND
AND BURIED HERE ON ARMISTICE DAY
11 NOV: 1920, IN THE PRESENCE OF
HIS MAJESTY KING GEORGE V
HIS MINISTERS OF STATE
THE CHIEFS OF HIS FORCES
AND A VAST CONCOURSE OF THE NATION

THUS ARE COMMEMORATED THE MANY
MULTITUDES WHO DURING THE GREAT
WAR OF 1914-1918 GAVE THE MOST THAT
MAN CAN GIVE LIFE ITSELF
FOR GOD
FOR KING AND COUNTRY
FOR LOVED ONES HOME AND EMPIRE
FOR THE SACRED CAUSE OF JUSTICE AND
THE FREEDOM OF THE WORLD

THEY BURIED HIM AMONG THE KINGS BECAUSE HE
HAD DONE GOOD TOWARD GOD AND TOWARD
HIS HOUSE

ウェストミンスター寺院

左：エドワード懺悔王の墓所には祈りを捧げる場所として壁龕が設けられている。1540年に解体されて、再び組み立てられた。天蓋は修復されている。

・

下：君主の戴冠に使われるコロネーションチェア。エドワード1世の命で1301年に造られた。

・

　無名戦士の墓は、第一次大戦で身元不詳のまま命を落とした戦士者たちに捧げられたものである。無名の兵士一名の遺体が戦場から運ばれ、西扉に近い黒大理石の墓碑の下に埋葬されている。碑文は「They buried him among the Kings.（王たちの中に眠る）」で、これは聖書からの引用だ。

右：セント・マーティン・
イン・ザ・フィールズ教会
はアメリカでコロニアル
様式の模範的な教会建物と
なっていて、海外にも影響
を及ぼしている。祭壇の
左に王室特別席が設けられ
ているのは珍しい。
ロンドン・ブラス・
ラビング・センターも
設置されている。
・
下：トラファルガー・
スクエアの噴水は 1939 年
にサー・エドウィン・
ラチェンズが大改造を行った。
青銅の人魚と
イルカが配されている。
・

トラファルガー・スクエア

トラファルガー・スクエア

トラファルガー・スクエアはロンドンの待合
わせ場所として人気が高い。とりわけ噴水が美しさ
を増す暖かい季節になると、広場に人の数が増える。
英国海軍の威力を称え、1805 年のトラファルガル海戦でナ
ポレオンを破ったネルソン提督の勝利を記念して造られた。
当時、英国は世界の海と世界のほぼ 4 分の 1 を支配した。
ジョン・ナッシュによる新古典主義の設計から生まれたドラマ
チックな広場は、ロンドン中の幹線道路を接続することにな
る。1840 年にサー・チャールズ・バリーが改造を行い、
北テラスと階段が加えられた。2003 年夏の間、広場の
北側は歩行者専用となった。

奇妙にもバリーはネルソン記念碑の建設に反対した。だが、上からの力で押し切られ、高さ51メートルの堂々たる記念柱計画は進められ、建設に3年の歳月を要した。柱の上には御影石でできたネルソン提督像が立ち、テムズ河と国会議事堂の方角を見据えている。柱の台座の四面には、戦利品として捕獲した大砲を鋳造して造られた、セント・ヴィンセント岬の戦い、ナイル川の戦い、コペンハーゲン沖の戦い、提督が死を遂げるトラファルガル海戦をそれぞれ描いた青銅の浮彫りが見られる。また、サー・エドウィン・ランドシアが彫刻した雄々しい青銅のライオンが台座の四隅を守っている。広場の北東の角には、この一帯で最古の建物であるセント・マーティン・イン・ザ・フィールズ教会が建つ。かつてあまりにも人気が高く、席は賃借しなければならなかった。スコットランドの有名な建築家ジェームズ・ギブズが設計し1726年に完成したこの教会は、この辺りがシティーの境界を越えて田園地帯に囲まれていたことからこう呼ばれるようになった。ここにはチャールズ2世の愛妾ネル・グウィンが眠る。地下室は第二次大戦中に防空壕として使われていた。地下には現在、ブラス・ラビング・センター、書店、カフェがある。

左：ネルソン像が置かれる前、石工たちは柱の台座で食事を取った。ライオンはあとからの考えで、25年後に加えられた。

左下：第二次大戦中に英国がノルウェー王室を保護したことへの感謝のしるしとして、1947年以来、オスロ市から毎年クリスマスツリーが贈られている。

右：トラファルガー・
スクエアにいる鳩の群れに
は不満が唱えられているに
もかかわらず、いつでも
鳩は人気の的だ。

・

下：東ロンドンの商人を
代表して、パーリーキング
とパーリークイーンが
セント・マーティン・イン・
ザ・フィールズ教会に集う。

・

「パーリーキングとパ
ーリークイーン」は果物や
野菜の呼び売り商人で、真珠
貝のボタンをちりばめた衣装を
身につける伝統は孤児のヘンリ
ー・クロフトが始めたものだ。
13歳のときにヘンリーは道路清
掃人の職を得た。自分よりも不幸
せな人々を助けたいと思った彼
は、資金を集めるために、マーケ
ットの通りを清掃し、人々の服か
ら落ちた真珠貝のボタンを集め
て、これを帽子とスーツに縫い付
けた。10月の第一日曜にはパー
リーキングとパーリークイーン
がセント・マーティン・イン・ザ・フィールズ教会に集まり、収
穫祭の礼拝が執り行われる。ここでパーリープリンセスが手に
するのは野菜のブーケだ。

トラファルガー・スクエアの北側に建つナショナル・ギャラリーは、世界でも有数の膨大な絵画コレクションを所蔵する。ジョージ4世が政府を説得して有名な絵画38点が購入され、国有コレクションが始まった。ゴッホの『ひまわり』、ベラスケスの『鏡のヴィーナス』、ティツィアーノ、レンブラント、コンスタブル、モネの作品など、所蔵するヨーロッパの絵画は13世紀から19世紀にまで及ぶ。

左：ディエゴ・ベラスケス
画『鏡のヴィーナス』
（1649年）。ナショナル・
ギャラリーが所蔵する素晴
らしいコレクションのひとつ。

・

下：海軍の英雄ネルソン
提督の肖像画
（ナショナル・ポートレート・
ギャラリー所蔵）。1797年
レミュエル・フランシス・
アボット作。

セント・マーティンズ・プレイスにあるナショナル・ポートレート・ギャラリーは、政治家、スポーツマンに始まり、著作家、ヒーローに至るまで、英国の著名人の肖像画10,000点以上を所蔵している。ヘンリー8世の戯画とその王妃たちの肖像画、シェイクスピアの最も初期の肖像画、ホレイショー・ネルソンとその愛妾エマ・ハミルトンの肖像画もある。ルーフトップのレストランからはトラファルガー・スクエアとホワイトホールを見渡す素晴らしい眺めが広がる。

この辺りでも比較的モダンな感じのアドミラルティー・アーチは、ヴィクトリア女王の子、エドワード7世が建てたものだ。サー・アストン・ウェッブの設計によるもので、ロンドンの重要なランドマークとなっている。アーチが5つあり、ここからザ・マルが始まって、バッキンガム宮殿へと続いていく。

女王のロンドンでの公邸バッキンガム宮殿は、1702年に初代バッキンガム公爵ジョンのために建てられたもので、元々はバッキンガム・ハウスと呼ばれていた。宮殿らしさは、代々の君主とジョン・ナッシュなどの宮廷付き建築家により、歳月をかけて作られたものだ。バッキンガム宮殿を居城とした最初の君主はヴィクトリア女王で、家族が増えて手狭となったため、1847年に東棟が増築された。宮殿は現在、公式行事の会場となるとともに、女王の私邸ともなっている。ナッシュの大広間から豪華絢爛なステート・ルーム（8月〜9月に一般公開）に向かうときに通るのがナッシュの大階段だが、3つの階段を設けてドラマチックな空間を生み出している。金メッキの手すりは1830年に3,900ポンドの費用をかけて造られたものだ。外国から公式訪問中の国家元首は、贅沢な晩餐会が数多く催される舞踏室に迎えられる。バッキンガム宮殿では、王室執務室の職員から使用人に至るまで約300人が働いている。

バッキンガム宮殿

右：2002年の女王即位50周年記念祭でロンドンの街路をパレードする女王を乗せたゴールド・ステート・コーチ。ロイヤル・ミューズで見学できる。

バッキンガム宮殿

4月から7月末までの毎日午前中（秋と冬は隔日）、整然とした行進と鮮やかな彩りで衛兵交替式が行われる。熊の毛皮の帽子と赤い上着に身を包みバッキンガム宮殿の警護にあたる近衛兵たちは観光客に人気が高い。宮殿の正面に建つクイーン・ヴィクトリア・メモリアルは1901年にサー・アストン・ウェッブが設計したもので、彼が手掛けたザ・マル再建計画の中心を成したものである。サー・トマス・ブロックが彫った女王の座像を、真実、貞節、勇気といったヴィクトリア時代の美徳を象徴する寓意像が取り囲んでいる。

上：バッキンガム宮殿正面の
ロータリーには、息子から
母に捧げるものとして
エドワード7世が造った
クイーン・ヴィクトリア・
メモリアルが建つ。

左：軍服に身を包み
バッキンガム宮殿の警護に
あたる近衛兵の衛兵交替式
は伝統的な行事だ。

下：6月に行われる華麗な
トゥルーピング・ザ・カラー
は女王の公式誕生日を
祝うものだ。バッキンガム
宮殿から始まり、ザ・マル
を抜けて、ホース・ガーズ
へと向かう。
・

　王室の厩舎ロイヤル・ミューズは1825年に建築家ジョン・ナッシュが設計した。ジョージ3世のために造られた1761年のゴールド・ステート・コーチ、ほぼすべての王室婚儀に使用された1910年のグラス・コーチ、王室の幌付き馬車が保管され、手入れを施されているほか、王室ご愛用のロールスロイス・ファントムやダイムラーも収められている。1827年にウィリアム4世のために建てられたクラレンス・ハウスは、2002年の逝去までエリザベス皇太后の住まいとなっていた。これを遺贈されたチャールズ皇太子は、翌夏、大掛かりな改修を行った。現在夏の間、一部の部屋が一般公開されている。故エリザベス皇太后の美術品と家具の膨大なコレクション、ファベルジェの金細工見本、英国製磁器と銀器、ジョン・パイパーの作品などが展示されている。

左：バッキンガム宮殿の
王座の間。1953年の
エリザベス2世戴冠式で
女王とエディンバラ公が
使用した王座が置か
れている。壁際に別の君主
の王座も見られ、部屋は
威厳に満ちている。

・

下：クイーンズ・ギャラリー
には貴重な絵画や美術品が
所蔵され、世界有数の素晴
らしいコレクション
となっている。

・

　　　クイーンズ・ギャラリーには、レオナル
ド・ダ・ヴィンチを始めとする巨匠たちの絵画
を含めて、世界有数の美術コレクションが所蔵さ
れている。ほかに、織物、家具、宝石、美術工芸品
の展示が見られる。王座の間の華麗な天井を照らし
出すのはカットグラスと金メッキ青銅製のシャンデ
リア7基で、200年前に造られたものだ。王座の間
は女王の接見に使用される。近くのセント・ジェーム
ズ宮殿は、ライ病院跡地にヘンリー8世が建てたも
のである。印象的なゲートハウスは、ロンドンを代
表するチューダー様式建築のひとつとされている。
　　最近までチャールズ皇太子とその執務室が置かれ
　　ていた。

アルバート公は腸チフスでわずか41歳で逝去した。あとに残されたヴィクトリア女王がアルバート公を記念して建てたのがアルバート・メモリアルである。完成に15年を要したこの記念碑は高さ55メートル。基部は中世のマーケット・クロスで約200体の彫像が見られ、アルバート公は1851年の大博覧会のカタログを手にしている。大博覧会はアルバート公が企画に関与したもので、これがきっかけとなりケンジントン周辺に博物館が誕生することになった。アルバート公の像は第二次大戦中に黒く塗りつぶされたあと、1998年に再び金色の姿に蘇った。

11キロにわたって続くギャラリーに、陶磁器、家具、ファッション、ガラス、ジュエリー、金属細工、写真、彫刻、織物、絵画と、豊富な美術工芸コレクションを収めるヴィクトリア＆アルバート博物館は、世界有数の博物館だ。1852年にモールバラ・ハウスの工業製品博物館（Museum of Manufactures）の東洋美術部門としてオープンしたもので、1857年にサウス・ケンジントンに移設され、亡き夫を記念してヴィクトリア女王により1899年に現在の名に改名された。サー・アストン・ウェッブが手掛けた外装には32の彫刻が見られる。

ケンジントン

上：アルバート・メモリアル
は亡き夫に捧げて
ヴィクトリア女王が
建てた記念碑だ。
・

右：アントニオ・カノーヴァ
（1757 ～ 1822 年）作
『カリスたち』、ヴィクトリア
＆ アルバート博物館所蔵。
・

ここには世界各地の豊かな文化遺産から集めた 3,000 年分の見事な工芸品が収められている。ハイライトは、世界の貴重な遺産の複製美術品を展示する素晴らしいカースト・コート、コンスタブルの絵画コレクション、イタリア国外で最大のイタリア・ルネサンス期の彫刻コレクション、美術工芸を通じて英国の歴史を紹介するブリティッシュ・ギャラリーなどだ。

　ロイヤル・アルバート・ホールは技師フランシス・ファウクが設計し、鉄とガラスを使って建設された。古代ローマの円形劇場を思わせる建物は 1871 年に完成。毎夏ここで、華やかなプロムナード・コンサート（通称プロムス）が開催される。

下：ロイヤル・アルバート・ホールは芸術と科学を称えるフリーズで囲まれている。
・

150 年あまりにわたり公共の公園として子供たちに人気の高いケンジントン・ガーデンには、現在、ダイアナ元皇太子妃を記念する子供用のプレイグラウンドがある。庭園には、フランプトンが彫った永遠に大人にならないピーターパン像が立つ。1851 年に大博覧会が開催されてから、ケンジントンは博物館が集中する地域となった。ヴィクトリア女王の夫君アルバート公は大博覧会を通じて英国の科学と技術を世界に知らしめようとし、その結果、科学芸術省が設置された。同省は 1857 年にサウス・ケンジントン博物館を設立し、これが現在の科学博物館の元となった。40 あまりのギャラリーで 300 年にわたる科学の歴史が紹介され、最初の自動計算機からアポロ 10 号に至るまで、ハンズオン展示 2,000 点が置かれている。アルフレッド・ウォーターハウスが設計し 1881 年に建てられた自然史博物館では、地震や火山噴火のシミュレーションで地球の秘密を探れるほか、実物大の恐竜ロボットもいる。

ブルームズベリーとベーカー・ストリート

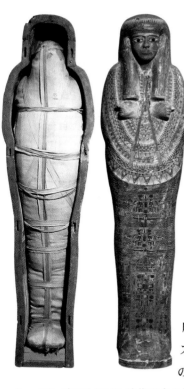

左：一般公開された世界最古の博物館である大英博物館に所蔵されるエジプトのミイラ。

・

下：600種以上の動物がいるロンドン動物園のダイアナはえり毛のある白と黒のキツネザル。茶目っ気たっぷり。

・

ジョージ王朝時代の広場が素敵な雰囲気を醸しているブルームズベリーは、1900年代初め、ヴァージニア・ウルフ、ジョージ・バーナード・ショー、T.S.エリオットなどのブルームズベリー・グループと呼ばれる文学者や知識人が住んでいたことで知られている。ここには、英国最大規模の秘蔵品コレクションを誇る大英博物館が建つ。1759年に一般公開され、650万点の展示品を所蔵している。近年大掛かりな改造工事が行われ、サー・ノーマン・フォスターが設計した中庭は鋼鉄とガラスの屋根で覆われて、ロンドンで最初の屋内広場となっている。1801年にエルギン卿がアテネのパルテノン神殿からロンドンに持ち帰った大理石彫刻群エルギン・マーブルズ、エジプト象形文字解読の鍵となったロゼッタ・ストーン、アングロサクソン時代の木の埋葬船サットン・フー、エジプトのミイラなどが人気がある。

1997年、建設に15年以上の年月を要して、コリン・セント・ジョン・ウィルソンが設計した大英図書館がユーストン・ロードに移転した。大英図書館には英国で出版されるほぼすべての書籍が所蔵されているほか、展示ギャラリーが3つある。所蔵文書には、1215年の大憲章（マグナカルタ）、グーテンベルク聖書、シェイクスピアの最初のフォリオ版、レオナルド・ダ・ヴィンチの手帳などがある。

英国文学史で最も重要とされる作家の一人、チャールズ・ディケンズは、1837年4月から1839年12月までダウティー・ストリート48番地に暮らした。現在ここはチャールズ・ディケンズ博物館となっていて、ディケンズの思い出が詰まった11部屋がある。

リージェント・パークの北東の角にはロンドン動物園があり、ロンドン動物学協会が置かれている。動物保護に力が入れられ、ペンギン・プール、鳥舎、囲ったチルドレンズ・エンクロージャーは人気が高い。

右：ベーカー・ストリート221b 番地を再現するシャーロック・ホームズ博物館。名探偵がかぶっていたのと同じような鳥打ち帽を買うこともできる。

マダム・タッソー蝋人形館は、昔からロンドンのトップアトラクションのひとつだ。世界の有名人たちに会い、手で触れて、一緒に写真を撮ることもできる。映画俳優、政治家、王族などの有名人に生き写しの人形たちが展示されている。フランス革命期、マリー・グロショルツ（後にフランソワ・テュソーと結婚、テュソーはフランス名）はギロチンの露と消えた人々のデスマスクを取っていた。その後 33 年間にわたり英国各地を巡業して回った彼女は、1835 年に現在の建物から遠くない場所に博物館を開設する。この博物館のぞっとするような始まりを思い起こさせる「恐怖の部屋」では、蝋人形を使って残酷な犯罪場面や殺人場面が再現されている。フィナーレを飾る「スピリット・オブ・ロンドン」は電気自動車に乗って体験する解説付きの時代めぐりツアーだ。

近くのベーカー・ストリート 221b 番地にはシャーロック・ホームズ博物館がある。サー・アーサー・コナン・ドイルの小説の主人公シャーロック・ホームズは、多くの巧妙な犯罪を見事に解決した名探偵。小説の中で彼が住んでいたのがベーカー・ストリート 221b 番地だ。博物館ではホームズの家が再現され、忠実な親友ワトソン博士を演じる役者も登場する。

下：「ダンシング・ウィズ・カイリー・ミノーグ」はマダム・タッソー蝋人形館の人気アトラクションのひとつ。

ブルームズベリーとベーカー・ストリート

濠を築いて防備を高め、1078 年頃に建設が始まったロンドン塔は、ウィリアム 1 世がイングランド最強の都市とその武器および宝石を守るためのものだった。かつてロンドンで一番高く聳え立ち、最も防備力に優れたロンドン塔は、今日驚くほどにそのままの姿をとどめている。クラウン・ジュエルなどの豊かな財宝が収められ、王や女王あるいは王妃、そして反逆者たちのかつての生活を垣間見ることができる。

ロンドン塔

下：威厳に満ちたロンドン塔。ここに投獄された最後の囚人はヒトラーの副司令官ルドルフ・ヘスだった。荘厳なクラウン・ジュエルは今もここに保管される。

伝統的な深紅の上着とチューダー時代の縁なし帽をまとったチーフ・ヨーマン・ウォーダー（守衛長）は、毎晩ロンドン塔の門に鍵をかける。新任のヨーマン・ウォーダー（守衛）たちは、タワー・グリーンで君主への忠誠を誓う。新任者が先輩ヨーマン・ウォーダーに加わり、その健康を祝してパンチボウルで乾杯式が行われる。

左：ロンドン塔の警護にあたるチーフ・ヨーマン・ウォーダー。伝統的な儀式は 14 世紀から続く。

25

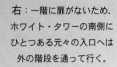

右：一階に扉がないため、ホワイト・タワーの南側にひとつある元々の入口へは外の階段を通って行く。

・

下：カラスは毎日、生肉と鳥で製法したビスケットを血に浸した餌を与えられる。また、卵と、たまにもらえるウサギが大好物！

・

ロンドン塔には約 40 人のヨーマン・ウォーダーがいて、ロンドン塔の偉大な歴史を紹介するガイド役を果たすとともに、儀式的な任務を行う。現在では、長年勤めた品行方正な退役軍人の中から選ばれる。彼らは「ビーフィーター」と呼ばれるが、これは、牛肉が足りないときでさえ幸運にも彼らは肉食ができたと言われているためだ。

ロンドン塔

中庭の中央には、この城が「Tower」と呼ばれることになったホワイト・タワーが建つ。4つの小塔を持ち、王室の武器を収める要塞として1078年に建設が始まったが、完成したのは1097年だった。後にヘンリー3世が、外壁と内壁に石灰塗料を塗るよう命じた。27メートルの高さに聳え、ノルマンディー産の白いカン石で造った壁は厚さが最大4.6メートルある。城や教会の建造で有名だったロチェスター司教ガンドルフの指揮の下に基礎が置かれた。深さ12メートルの井戸があり、王室武器の一部が拷問や処刑の道具と一緒に展示されている。その他の王室武器は、現在リーズに保管されている。

チャールズ2世付きの天文台長ジョン・フラムスティードは、ホワイト・タワーから天文観測をするのにカラスが邪魔だと不平をこぼした。そこで王はカラスを処分するよう命じたが、すぐにことの重大性に気づくことになる。言い伝えによると、ロンドン塔からカラスがいなくなると王国が滅びると言われているのだ。カラスは長生きして25年、飛べないように羽を切られて、レイヴンマスターと呼ばれる管理人が世話をしている。

ブラディー・タワーには暗い秘密が数多く隠されている。一番有名なのは、エドワード4世の息子で王位継承者、無辜な二人の「リトルプリンス」が、後にリチャード3世として即位する叔父グロスター公の命令で1483年にロンドン塔内でおそらく窒息死させられたとする話だ。二人の子供の遺骸が入った箱が1674年に発見されて、ウェストミンスター寺院のイノセンツ・コーナーの静かな場所に埋葬された。サー・ウォルター・ローリーはジェームズ1世に投獄されて、ブラディー・タワーで13年間過ごした。今はレンガでふさがれているトレイターズ・ゲート（反逆者の門）は、テムズ河から通じるセント・トマス・タワーの広い入口だった。反逆罪に問われてここを通る囚人たちは、二度と生きてここから出られないことを知っていた。

上：ブラディー・タワーはヘンリー3世の治世（1216〜1272年）にロンドン塔への水路の入口として建てられた。壁にアーチ形の開口部があり、テムズ河に直接通じていた。

・

下：トレイターズ・ゲートは、ロンドン塔に送られる囚人たちにとって運命を封じられる恐ろしい門だった。

・

ホワイト・タワーの福音書記者セント・ジョン礼拝堂はフランス産の石で造られている。バース勲位に授かる貴族たちは叙勲に先立ち、この礼拝堂で徹夜で祈りを捧げたものだ。1503年、ヘンリー7世妃のエリザベス・オブ・ヨークの遺体がここに安置された。

戴冠式やその他の儀式で着用されるクラウン・ジュエルは歴代のあらゆる国王と女王が使用してきたもので、1300年代以来、ロンドン塔に保管されている。1671年に、トマス・ブラッド「大佐」が大胆にも王冠と宝珠と王笏を略奪してタワー・ウォーフに向かって一目散に逃げたが、ここで彼とその一味は捕らえられた。貴重な宝玉は現在ウォータールー・バラックに保管され、見学者は、十字架の付いた王笏の頭にはめ込まれた530カラットあまりの「偉大なアフリカの星」と呼ばれる世界最大のダイヤモンドを見ることができる。

右上：毎年国会開会式で女王が着用する貴重なクラウン・ジュエルとインペリアル・ステート・クラウン（ダイヤモンド2,868個、サファイア17個、エメラルド11個、ルビー5個、真珠273個で飾られている）。

•

右：中世の宮殿の一部。ウェイクフィールド・タワーの上階は、1220年から1240年にかけてヘンリー3世のために建てられたものだ。

•

ロンドン塔で2番目に大きいウェイクフィールド・タワーには、ウェストミンスター寺院のコロネーションチェアを真似た一段高くなった壮麗な王座が置かれている。ヘンリー8世の二人の妃、アン・ブーリンとキャサリン・ハワードはタワー・グリーンで斬首刑に処された。現在ではその周りを建物が取り囲み、ロンドン塔に住み、ここで働いている人たちに使用されている。キャサリン・ハワード、レイディ・ジェーン・グレイ、サー・トマス・モアはセント・ピーター・アド・ヴィンキュラ教会（聖ペテロ獄鎖教会）のチャペル・ロイヤルに埋葬されている。

毎晩、昔から続いている「鍵の儀式」が行われ、ヨーマン・ウォーダー（守衛）と近衛兵が一緒になって城の安全を確認しあう。歩哨が「止まれ！そこを行くものは何者ぞ」と尋ねると、守衛長が大胆にも「鍵なり」と答える。外側の門に鍵がかけられ、鍵はロンドン塔常駐の城守に手渡される。

ロンドン塔では、今もタワー・ウォーフの西端で祝砲があがる。ここは、王族や高位者がロンドンに入るときの到着地点として儀式的な役割を演じていたところだ。女王の誕生日には62発、国会開会式あるいは外国の国家元首の公式訪問時には41発の祝砲があげられる。

上：門に鍵をかけ、夜の間、ロンドン塔を侵入者から守る伝統的な鍵の儀式。

・

左：女王の誕生日や国会開会式などの重要な国家行事に際しては、タワー・ウォーフでパワフルな25連装の大砲から祝砲が放たれる。・

セント・ポール大聖堂

右端：尖塔ではなく、
サー・クリストファー・
レンのエレガントな
ドームを戴く
セント・ポール大聖堂は、
ロンドンのスカイラインに
聳える荘厳なランドマーク
となっている。

・

右：聖歌隊席と主祭壇は
大聖堂内で最初に
建てられて奉献された。
礼拝の間、聖歌隊と聖職者
がここに着席する。

・

右下：大聖堂の南西塔には
重さ 17 トンでイングランド
最大の鐘グレート・ポール
が収められている。
毎日午後 1 時に鐘の
音が鳴り響く。

・

ロンドンのスカイラインの真ん中に気高く聳えるセント・ポール大聖堂はほぼ 300 年にわたってその姿をとどめ、いつの時代にもロンドンで最も人気が高く感動を覚える場所のひとつとなってきた。ロンドンの 5 分の 4 を破壊したロンドン大火の約 10 年後の 1675 年に建設が開始された。この場所に最初のキリスト教の大聖堂が建てられたのは 604 年のことで、レンが設計した現在の大聖堂は 5 番目の建物となる。第二次大戦中、奇跡的にもロンドン大空襲の難を逃れた。今でも王室の婚儀、国葬（1965 年の元首相サー・ウィンストン・チャーチルの国葬など）、記念礼拝、特別感謝礼拝が執り行われる。

聖歌隊席北側廊にはヘンリー・ムーアの感動的な『聖母子』像があり、3段階にわたる母性が描かれている。聖歌隊席と主祭壇の椅子にはグリンリング・ギボンズの手になるケルビム、果実、花綱の華麗な彫刻が見られる。彼はウィンザー城とハンプトン・コートも手掛けた。大聖堂のオルガンケースを造ったのもギボンズだが、ここに収められているオルガンは、かつてヘンデルやメンデルスゾーンが演奏したものだ。メンデルスゾーンはあまりにも長く演奏を続け、やめさせるのに大聖堂のスタッフがオルガンから空気を抜かなければならなかった！

南側には主教座（カテドラ）が置かれている。大聖堂を表すカテドラルはこのカテドラから来たものだ。現在の主祭壇は1958年に設けられたもので、二度の世界大戦で命を落とした英連邦の人々に捧げられたものである。聖歌隊席に見られるモザイクは、ヴィクトリア女王が大聖堂のことを「暗くて陰鬱で敬虔さに欠ける」と不平をこぼしたことから取り付けられることになった。明るさを発しているモザイクは異なるサイズの立方体のガラスで造られていて、聖書から題材を取っている。

レンは尖塔ではなく、17世紀後半のイングランドでは珍しかったドームを付けるとして譲らなかった。これは世界最大規模のドームのひとつで高さ111.3メートル、鉛で造られていて重量は65,000トンある。上部を占める頂塔、ゴールデン・ギャラリー、レンガの円錐部、円形窓、ストーン・ギャラリーで構成される。8本の柱が巨大な構造を支えている。70代だったレンは籠に乗って昇降し、工事の進み具合を調べた。

セント・ポール大聖堂

ドームの内側にモザイクと使うという最初の構想は聖パウロの生涯を描いた壁画に取って代わられることになったとはいえ、レンは心に描いた効果的な空間を創り出すことができた。大聖堂建設委員会は、壁画の担当に宮廷付き画家ジェームズ・ソーンヒル（ハンプトン・コート・パレスも手掛けた）を任命した。彼は黒と白を使ってひときわ優れた凝集性を表し、壁画は4年の歳月を要して1719年までに完成した。

上：ウィスパリング・ギャラリー（ささやきの回廊）は地上から259段で、ドームの内側に設けられている。ここで壁に向かってささやくと、反対側で聞き取ることができる。

33

西正面に対を成すバロック様式の塔には、レンのちょっとした付け足しが見られる。それぞれ頂部に取り付けられているパイナップルは平和と繁栄と歓待を象徴するものだが、これはレンが 75 歳のときに追加したものだ。初めの設計では両方の塔に時計が付けられるはずだったが、実際には 1893 年に南西塔だけに時計が設置された。文字盤は 3 つあり、それぞれ直径 5 メートル以上ある。アメリカン・メモリアル・チャペルには、第二次大戦で従軍し命を落としたアメリカ人男女 28,000 人あまりを記念する戦没者名簿が収められている。地下の南東側廊にはレンが眠る。その息子による碑銘には「Reader if you seek his monument, look around you.（レンの記念碑を探すものは周りを見よ）」とある。

上：ウィスパリング・ギャラリー（ささやきの回廊）から望むきらびやかな眺め。ドームが暗い筒のように見えることのないように、レンは外側よりはるかに低く内側ドームを造った。

・

右：アメリカン・メモリアル・チャペルの大理石の床の周囲には碑銘が見られる。中央窓のペリカンは、他者の自由のために自己を犠牲にすることを象徴している。

・

セント・ポール大聖堂

シティー

世界でも有数の商取引の中心地であるロンドンのシティーには、500 あまりの金融機関、バイヤー、ブローカーが集まる。かつては城壁に囲まれ、今なお「スクエア・マイル」として知られるこの地域には、教会、商業機関、旧市街の歴史的遺産が建つ。第二次大戦でひどい爆撃を受けて、大掛かりな再建が行われた。今では、スイス・リのような超モダンなガラスの高層ビル（くだけて「ガーキン」と呼ばれる、ガーキンとは卵円形のニシインドコキュウリの果実）、かつてオリヴァー・クロムウェルが住んだドレイパーズ・ホールのような伝統的な建物が並び立つ。タワー・ブリッジの高さ 45 メートルの高架歩道からシティー全体を見渡せる。

下：タワー・ブリッジはロンドンを象徴するランドマークのひとつ。サー・ホレス・ジョーンズの設計で 80 万ポンドをかけて建設されたもので、油圧工学の傑作と言える。わずか 90 秒で跳ね橋が完全に開き、下を船舶が通れるようになる。

・

上： 11 月に行われる
ロンドン市長就任披露行列
を行くまばゆいばかりの
ロンドン市長の馬車。

・

下：ロンドン博物館で
ヴィクトリア時代の
香辛料売りに熱心に耳
を傾ける子供たち。

・

毎年シティーでは新任のロンドン市長を迎える。就任式典の間、一言も口を開かずに宣誓を行い、「沈黙の交替式」と呼ばれている。式典は市長就任披露の華やかなパレードで、ロンドンの街路の悪臭をごまかすためにロンドン市長が花束を手にして行列を行った 1189 年当時を髣髴させる。行列は儀式用の金の馬車で 15 世紀のギルドホールを出発する。ギルドホールはシティーの中央に位置し、会合や晩餐会が催され、様々な同業組合のバナーや盾が収められている。行列の終点となるのはロンドン市長の公邸であるマンション・ハウスだ。

ロンドン博物館は 7 つの常設ギャラリーで 25 万年に及ぶロンドンの歴史を記録し、見事にロンドンを紹介する。ロンドン大火など歴史に残る重要な出来事を紹介する素晴らしい展示を始めとする 100 万点以上の品が収められている。

近くのバービカン・センターは、オフィス、住宅、店舗、アートセンターを収めるために第二次大戦の爆撃被災地区に建てられたものだ。ここはロンドン交響楽団の本拠地で、ほかにも映画館やエキシビションホールがある。

スレッドニードル・ストリートに建つイングランド銀行は、1694 年にフランスとの戦争資金を集めるために設立されたものだ。今では国の金準備が収められている。近くの王立取引所は 1565 年に設立されたもので、商取引の中心である。ライム・ストリートには保険グループ、ロイズ・オブ・ロンドンが建つ。ブルーのパイプとガラスを使ったダイナミックな建物は、夜間照明に映し出されると壮観な眺めだ。

かつては食肉の卸売市場だったレドンホール・マーケットは、今では改造されて素敵なレストランや店舗が立ち並ぶ。サー・クリストファー・レンとロバート・フックが設計したロンドン大火記念塔は、頂部に付けられた炎上する銅の壺が表象的だ。ギャラリーから望む壮観な眺めは一見の価値あり！

シティーとウェストエンドを結ぶフリート・ストリートは、かつて新聞社街の代名詞だった。フリート・ストリートがストランドと交わる辺りに、民事、文書誹毀、離婚の訴訟事件を扱う新ゴシック様式の王立裁判所と、美しい中庭が広がる中にロンドンの法廷弁護士が所属する 4 つの法学院がある。フリート・ストリートのすぐ裏手にはウェディングケーキの尖塔を戴くセント・ブライド教会

が建つ。これは 1680 年代にサー・クリストファー・レンが建てたもので、「ジャーナリストの教会」として知られている。

中央刑事裁判所（通りの名にちなんでオールド・ベイリーとも呼ばれる）はイングランドの上級刑事裁判所だ。ここでは国内で最も非情な犯罪人に判決が言い渡される。建物の上には、右手に剣、左手に秤を持つ金の正義の女神像が立つ。

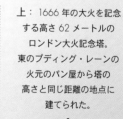

上：1666 年の大火を記念する高さ 62 メートルのロンドン大火記念塔。東のプディング・レーンの火元のパン屋から塔の高さと同じ距離の地点に建てられた。

左：レドンホール・マーケットは石畳の歩道が続く賑やかな小売センター。現在見られる鍛鉄とガラスの屋根の建物は 1881 年にシティーの建築家サー・ホレス・ジョーンズが設計したものだ。

エンターテイメント

ロンドンで一番賑やかな地区は、ネオンと大看板に囲まれて、パブ、クラブ、ショップ、シアター、ワインバー、カフェが立ち並び、曲芸師や大道芸人の姿が見られるコスモポリタンな雰囲気いっぱいのウェストエンドだ。1マイルにわたって続くオックスフォード・ストリートはロンドン随一のショッピング街。地下鉄マーブル・アーチ駅近くのセルフリッジに始まりトッテナム・コート・ロードに至るまで、デパート、ブティック、ギフトショップが軒を連ねる。オックスフォード・ストリートと交差してリージェント・ストリートが延びる。この通りには有名店が多く、中でも新チューダー風の建物が目をひくファブリックと様々なアイテムの専門店リバティーは特に名高い。そこから数軒行くと、世界でも有数の玩具専門店のひとつ、ハムリーズがある。こうした店舗の裏手には、60年代にヒッピーが集まり悪い印象を残したカーナビー・ストリートがある。今では舗装された歩道が続き、有名な店舗に混じって、ポスターからハンドメイドのジュエリーに至るまで何でも売る伝統にとらわれない店が並んでいる。リージェント・ストリートを外れまで行くと、ピカディリー・サーカスとトロカデロにたどり着く。トロカデロは家族連れで楽しめる大規模コンプレックスで、レストラン、バー、シネマ、ショップのほか、ロンドンで最も大きいコンピューターゲームアーケードのひとつで5フロアにわたってバーチャルリアリティーの世界が広がるファン・ランドがある。ヘイマーケットやシャフツベリー・アヴェニュー周辺はロンドンの賑わう劇場街の中心で、劇やミュージカル、コメディーの最新プロダクションが上演されているほか、カフェやレストランが軒を連ね、ショーの前後に腹ごしらえができる。

上：ピカディリー・サーカスとエロスの像。青銅の噴水の上に立つアルミニウムの像が初めて登場したのは1893年。天使の翼の下はプロポーズに絶好の場と思う人も多いだろうが、実際これはギリシャ神話の恋愛の神ではなく、キリスト教の博愛の精神を祝う記念の噴水で、ヴィクトリア時代の慈善家シャフツベリー伯爵の記念碑として建てられたものだ。

エンターテイメント

上：改築された1821年の
美しい王立劇場は
サー・ジョン・ギールグッドの
「お気に入りの舞台」だった。

・

左：美しいウィンド
ウディスプレイ、
アールヌーヴォー調の
インテリア、豪華な東洋の
絨毯で知られるリ
バティーには、素晴らしい
ギフト、化粧品、
ファブリックが豊富。

右：賑やかなレスター・スクエアの一角で商売に余念がない似顔絵描きのアーティストたち。この辺りには、かつて科学者のアイザック・ニュートンや画家のジョシュア・レノルズが住んでいた。

右下：ポートベロー・ロードには1837年からマーケットがある。今では週末を中心に観光客に人気が高い。

ピカディリーにはボンド・ストリートの南にバーリントン・アーケードがある。ここは、1819年に造られた「上流階級向けのジュエリーと高級品を扱う」ショッピングモールだ。今なお当時のユニークな特徴を残していて、エドワード7世時代のフロックコートにシルクハットをかぶった管理人がリージェンシー時代の規則を守らせようと見張っている。ここでは走ったり口笛を吹くことは許されない！

レスター・スクエアは常に賑わいを見せる。中央の公園には、劇作家ウィリアム・シェイクスピアや1889年ロンドン生まれのコメディアン、チャーリー・チャップリンなどの彫像が立つ。周囲には大型映画館が並び、夜も活気にあふれた一角だ。

人とアトラクションが集中する中心部を離れてストリートマーケットに向かえば、掘り出し物を探せる。一番有名なのがノッティング・ヒルのポートベロー・ロード・マーケット。土曜の朝にはアンティークを売る何百ものストールが立ち、ジュエリー、アンティーク、アートなど様々な品を店先に並べる。リージェント運河を見渡すカムデン・ロック・マーケットはコンテンポラリーな感じで、毎週15万人が足を運ぶ。1975年に誕生し、珍しいオリジナルのギフト、トラディショナルでファッショナブルな手細工のジュエリー、デザイナー服やアクセサリーなど、アヴァンギャルドの先端を行く人にもぴったりのものが見つかる。ロンドンの東側にはペチコート・レーン・マーケットがある。これはおそらくロンドンに数あるストリートマーケットの中でも最古のもので、17世紀にフランスのユグノーたちがここでペチコートやレースを売ってマーケットを始めた。だが、上品ぶったヴィクトリア時代の人々が女性の下着を口にするのを避けて、ミドルセックス・ストリートに名前を変えた！これは今でも正式な名称だが、かつての名前も消えずに残り、日曜のマーケットは今なおペチコート・レーン・マーケットと呼ばれている。洋服を始めレザーグッズ、時計、玩具など様々な品が並び、バーゲンハンターには見逃せない。

中世にウェストミンスター寺院の修道士たちが市場の庭として使っていたコヴェント・ガーデンは、後にロンドンの大青果市場となる。1974年に市場はヴォクソールのナイン・エルムズに移転し、残った建物は近代化されて、クラフト、ジュエリー、洋服を売る専門店が立ち並ぶようになった。「俳優の教会」と呼ばれるセント・ポール教会の正面の広場には、ナイフ使い、火を飲み込む人、一輪者乗りから、弦楽四重奏、操り人形の見世物『パンチとジュディー』に至るまで、無数のストリートシアターが出現する。広場の反対側にはロンドン交通博物館がある。

上：ロンドン交通博物館では、歴史の中で公共交通機関が首都と首都の生活にいかに大切なものであったかを紹介する。馬車、路面電車、ヴィンテージ・ロンドン・バスの展示がある。

右：ヴィクトリア時代に
イタリアン・ファウンテン・
ガーデンとアルバート・
メモリアルがケンジントン・
ガーデンに追加された。
夏には腰を落として
リラックスするのに
絶好の場所だ。
•

ロンドンの公園

ケンジントン・ガーデンは 1689 年
に、ウィリアム 3 世とメアリー 2 世が共同即位してノッティ
ンガム・ハウス（現在のケンジントン宮殿）に移ったときに、ハイド・パーク
からの続きの土地に造られたものだ。並木道や花に囲まれた散歩道、ローラーブレード道
があり、ラウンド・ポンドではボートを楽しめる。中央には 1934 年のティーパビリオンの中にサ
ーペンタイン・ギャラリーがあり、コンテンポラリーアートや建築展示が収められている。ここは元皇太
子妃ダイアナ・メモリアル・ウォークの出発点でもある。北側のランカスター・ゲートには、最愛のペットの
ために 1880 年にケンブリッジ公が造った犬の墓地がある。おそらくロンドンで最も美しく装飾的な公園である
セント・ジェームズ・パークは、バッキンガム宮殿を望む眺め、ペリカン、コクチョウ、花々で知られる。ここか
らは、ウェストミンスター、セント・ジェームズ宮殿、カールトン・ハウス・テラス、バッキンガム宮殿、ホー
ス・ガーズ・パレードの眺めが最高だ。ペリカンは元々、ジェームズ 1 世の時代に大使の贈り物としてロシア
から届けられたものだった。今ではフロリダのような暖かいところからやってくる。ここでは毎日午後 3 時
に餌が与えられている。夏には野外ステージでランチタイムコンサートも開かれる。チェルシー・ブリ
ッジの南側にはバタシー・パークが広がる。ここには、1985 年に「平和年」を記念して日本の
仏教僧が建てた「平和のパゴダ」がある。

下：セント・ジェームズ・
パークでは夏に野外ステージ
でコンサートが催され、
音楽を楽しめる。公園の南側
に沿ってチャールズ2世が
造った鳥舎があり、
バードケージ・ウォークと
いう通りの名が付いている。

・

右：リージェント・パークの
リトル・ベニスは 1820 年
にジョン・ナッシュが
手掛けたもので、西の
グランド・ジャンクション
運河が東のロンドン・ドック
に連絡されることになった。
元々は運河が公園の中を通り
抜けるはずだったが、
船の持ち主たちの下品な
言葉を懸念する反対の声が
高まった。今では引き船道
が素敵な散歩道と
なっているほか、ボート・
トリップでカムデン・
ロックまで行ける。

1811 年に宮廷付き建築家ジョン・ナッシュが摂政皇太子（後のジョージ 4 世）
のために設計したリージェント・パークには、私有居住地、クイーン・メアリー・
ガーデン、ローズ・ガーデン、湖があるほか、サギの群れや様々な水鳥が生息する。
ここには有名なロンドン動物園があり、ライオン、トラ、霊長類、パンダを始めと
する 600 種以上の動物がいる。

ロンドンの公園

左：ハイド・パークの
サーペンタイン池でボート
を楽しめば、ロンドンの
街中の喧噪を逃れて
リラックスできる。

・

下：サー・フレデリック・
ギッバードが設計した
ロンドン中央モスク。
総工費は推定 600 万ポンド。
ドーム形の屋根の下に
1,800 人を収容できる。
見学者は全員、靴を脱いで
から中に入ること。

・

1536 年に始まった修道院解散に際して、ヘンリー 8 世は、ウェストミンスター寺院の地所の一部であったハイド・パークを王室の狩場とした。ロンドン中心部で最大の広さを持つこの公園が一般に開放されるようになったのは 1603 年、ジェームズ 1 世の時代になってからのことだった。1851 年にはここで大博覧会が開催された。サーペンタイン池はよく知られているが、これは、ジョージ 2 世のキャロライン王妃がウェストボーン川を堰止めることを思いつき 1730 年に造らせたものだ。ボートを漕いだり泳げるほか、マーブル・アーチに近いスピーカーズ・コーナーの白熱する討論に耳を傾けることもできる。スピーカーズ・コーナーでは、上に立つ箱と大きな声さえあれば誰でも自分の意見を論じることができる！かつてこの辺りにタイバーン死刑執行場があり、有罪を宣告された者が刑の執行前に自分の意見を述べる権利を与えられた時代を髣髴させる。ハイド・パークにある乗馬道路のロトン・ロウは夜間に照明が灯された最初の公共道路だ。6 キロにわたる乗馬コースのほか、サイクリングやローラーブレード専用ルートが設けられている。夏にはクラシック音楽コンサートが開かれる。また、国の公式行事に際しては、パレード・グラウンドで祝砲があげられる。

左：ハイド・パークは
ローラーブレードを楽しむ
絶好の場。ローラーブレード
はロンドンをあちこち
移動する愉快な
足ともなっている！

・

ロンドン中心部を曲がりくねって流れるテムズ河は、中世の頃と変わらず、今でもロンドンの生活の重要な部分を占めている。オクソ・タワーはグレービーを作る会社の倉庫だったが、再開発されて、今では高級アパートメントやレストランが入っている。ウォータールー・ブリッジから見える。この橋は1939年にほとんどすべて女性たちの手で建て直された。第二次大戦中で多くの男性が戦場に赴いていたからである。サウス・バンク・アーツ・コンプレックスを過ぎるまで、歩道にはスケートボードに乗る人やストリートエンターテイナーがあふれている。ロンドンでも有数の観光アトラクションとされるロンドン・アイは高さ137メートルで、ミレニアムを記念して建てられた。ジュビリー・ガーデンをはるか下に見下ろす。ウェストミンスター・ブリッジの横にはカウンティー・ホールが建つ。かつてはグレーターロンドン市庁舎だったが、今ではロ

テムズ河

ンドン・アクアリウムになっていて、100万リットルの大型水槽に3,500種もの水生生物が集められている。サーチ・ギャラリーは、トレーシー・エミン、デーミアン・ハースト、セーラ・ルーカス、ジェニー・サヴィルなど、もっぱら英国人コンテンポラリーアーティストの作品を展示する。ウォータールー・ブリッジの北側には、壮麗な18世紀のサマセット・ハウスが建つ。元々は官庁として建てられたものだが、今では、コートールド・インスティチュート美術館、ギルバート・コレクション、エルミタージュ・ルームがあり、美術品と銀器の見事な展示が収められている。

右中：サウス・バンクのロイヤル・フェスティバル・ホール。ヘイワード・ギャラリー、ナショナル・フィルム・シアターとともに、フェスティバル・オブ・ブリテンの一環として1951年に建てられた。
・
右：カウンティー・ホールとロンドン・アイ。ロンドン・アイの頂上からは、晴れ渡った日には40キロ以上の彼方まで一望できる。
・

左：国会議事堂から
テムズ河を見下ろす
美しい眺め。ロンドンの
ランドマーク、
ロンドン・アイも見える。

左：サマセット・ハウス。
今ではロンドン最新の
文化センターで、中央の
中庭には演出的な
噴水が見られる。

下：IMAX シネマでは、
普通より 4 倍も大きい
巨大な広角スクリーンで
絶えず新しい 3D や 2D
フィルムが上映されている。

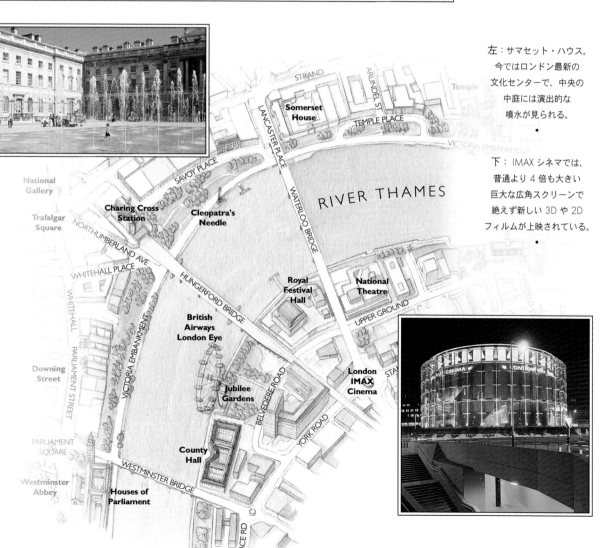

National
Gallery

Trafalgar
Square

Downing
Street

Westminster
Abbey

STRAND

ARUNDEL ST

Temple

Somerset
House

TEMPLE PLACE

LANCASTER PLACE

VICTORIA EMBANKMENT

SAVOY PLACE

WATERLOO BRIDGE

RIVER THAMES

Charing Cross
Station

Cleopatra's
Needle

NORTHUMBERLAND AVE

WHITEHALL PLACE

HUNGERFORD BRIDGE

Royal
Festival
Hall

National
Theatre

UPPER GROUND

WHITEHALL

PARLIAMENT STREET

VICTORIA EMBANKMENT

British
Airways
London Eye

BELVEDERE ROAD

London
IMAX
Cinema

Jubilee
Gardens

YORK ROAD

PARLIAMENT
SQUARE

County
Hall

WESTMINSTER BRIDGE

Houses of
Parliament

PALACE RD

テムズ北岸には 203 トンのクレオパトラの針が建つ。これは、
エジプトでフランス軍を破ったネルソンとアバークロンビーの勝利
を記念するものとして、オスマントルコのエジプト総督ムハンマ
ド・アリー（メフメト・アリー）から英国政府に贈られたものだ。
南側には、1 億 3,400 万ポンドをかけてバンクサイド発電所を改造
した広大なテート・モダンが建ち、英国と世界の現代芸術作品が収
められている。

テムズ河

上：テート・モダン。
420 万個以上のレンガ
を使って造られた。
セント・ポール大聖堂の
ドームより低くなるように、
煙突の高さは 99 メートルに
制限された。

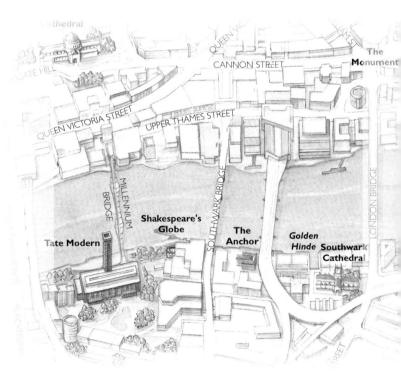

左：復元された
シェイクスピア・グローブ
座は、1666 年のロンドン
大火以来ロンドンに初めて
出現した茅葺き
屋根の建物だ。

左中：「ジョージ・イン」
は作家のチャールズ・
ディケンズが足繁く
訪れたパブだ。

シェイクスピア・グローブ座は、1613 年にシェイクスピア
の『ヘンリー 8 世』上演中に火花が茅葺き屋根に移って焼け落ち
た元の建物を見事に復元させたものだ。現在は元の場所から 183
メートル離れたところに、伝統的な材料と技法を使って元通り忠実
に建て直されている。バラ・ハイ・ストリートを入った石畳の広場
には、ロンドンで唯一現存する回廊付きコーチインのジョージ・イ
ンがある。一階には幾つかに仕切られた寛いだ感じのバーがつなが
っている。道を隔てて建つのはサザーク大聖堂だ。ビジター・セン
ターにはタッチスクリーン式のコンピューターが設置され、大聖
堂の工芸品や発掘品を紹介している。塔の上にあるカメラからは
ロンドンの見事なパノラマを楽しめる。また、
素晴らしい「カメラ・オブスキュラ」では、
活気に満ちたサザークの 24 時間の生活を
わずか 6 分で体験できる。

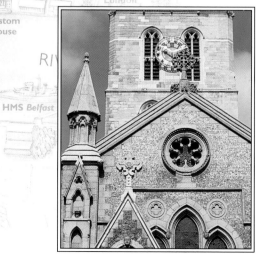

左：歴史のある美しい
サザーク大聖堂の主構造は
1220 年から 1420 年に
かけて築かれたものだ。

右：巡洋戦艦
「H.M.S. ベルファースト号」
は 1938 年 3 月に進水。
ノルマンディー上陸で重要な
役割を果たし、第二次大戦
を通じて活躍した。

右下：死、凶行、拷問、
殺人、そして切り裂き
ジャックのストーリーを
インタラクティブに紹介する
ロンドン・ダンジョン。
怖がりやさんには不向き！

テムズ河

「H.M.S. ベルファースト号」は 1971 年に
帝国戦争博物館が購入した。現在は水上博物館とな
っていて、見学者は、狭苦しい船内での生活がどのよう
なものだったかを体験できる。艦橋を一巡する大戦艦ツア
ーでは、6 インチ 3 連装の大銃架 4 基、9 つの甲板、大ボイ
ラー、それぞれ 20,000 軸馬力のタービン機関 4 基を見学でき
る。その後方には 1894 年に建設されたゴシック様式のタワー・
ブリッジが見える。世界的に知られるランドマークだ。毎日 15
万台の車が通過するが、優れた工学技術を使って、道が二手に分
かれて持ち上がる跳ね橋となっている。高架歩道は、いつでも人が
歩いて橋を渡れるように造られた。テムズ河は昔から続くロンドン
のカラフルな行事の舞台ともなる。1715 年以来、毎年 7 月には、
ロンドン・ブリッジからチェルシーのカドガン・ピアまでボートレ
ースが開催される。これは、アイルランドの俳優でコメディアンの
トマス・ドゲットにちなんで、ドゲット・コート・アンド・バッ
ジ・レースと呼ばれている。ロンドン・ブリッジの近くにはロン
ドン・ダンジョンがある。ここは歴史のダークサイドがテーマで、
残忍でぞっとするようなロンドンの過去を蝋人形と時代衣装を
着たスタッフが効果的に再現している。

　タワー・ブリッジに続く地区はセント・キャサリンズ・ドックと呼ばれるが、ここは第二次大戦中に大きな被害を受け、その後の再開発でショップやホテル、オフィスが並ぶ美しいマリーナに姿を変えている。ドックランズ博物館はジョージ王朝時代後期の壮麗な倉庫建物の5フロアにまたがっていて、テムズ河とその流域に暮らす人々のストーリーを紹介している。ランベス・ロードにある帝国戦争博物館は現代戦争史とその社会的な代価を紹介していて、第一次大戦から現在に至るまでの戦時下での体験、とりわけ英国および英連邦に関わるものが主なテーマだ。ホロコースト、家系史、スパイ諜報活動に関する展示がある。トゥーリー・ストリートのブリテン・アット・ウォー・エクスペリエンス博物館では、ロンドン大空襲の光景が音や臭いとともに再現されている。

左：セント・キャサリンズ・ドックは、ショップ、レストラン、オフィス、高級アパートメントが並び、ヨットやモーターボートが停泊する水際の素敵な開発区となっている。

・

下：ドックランズ博物館は波止場の歴史を紹介する。旅客船「クイーン・メアリー号」の1920年代のサロン全体も展示されている。

・

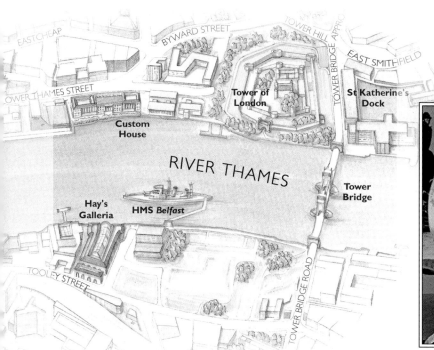

ロイヤル・グリニッジ

右上：グリニッジの赤い
報時球。テムズ河を行く船
から見える。世界で初めての
目で見る時報信号の
ひとつで、毎日午後１時
きっかりに落下する。

右：グリニッジ・パークの
上から見たクイーンズ・
ハウス。ウィリアム・
ホーガース、ジョシュア・
レノルズ、トマス・
ゲインズバラなどの巨匠の
見事な絵画
コレクションがある。

グリニッジに向かうには、ウェスト
ミンスター・ピアから頻繁に出ている遊覧船を使うの
がベスト。ロンドン中心部から 8 キロ南東に位置するグリニッ
ジでは、英国の航海の歴史が生き生きと蘇る。最初に目にするのが
クリストファー・レンの傑作のひとつ、バロック様式の壮麗な旧王立海
軍大学。中にあるペインテッド・ホールは世界有数の素晴らしいダイニン
グホールで、ジェームズ・ソーンヒルによる 18 世紀初期の美しい天井画が見
られる。1806 年 1 月、ネルソン提督の遺体はここに安置された。まもなくホ
ールは海軍の博物館となった。クイーンズ・ハウスはジェームズ 1 世妃アン・オ
ブ・デンマークが 1616 年に建設を依頼したもので、英国の建築家イニゴ・ジョ
ーンの傑作である。完成したのは 1638 年で、元々は私的な別荘として使われてい
た。現在、見学者は保存スタジオで修復技術を観察できる。また、時代衣装をまと
った登場人物が当時の生活の様子を演じてみせる。国立海事博物館には、海洋術、
地図作成、写本、船舶模型のほか、航行、計時、天文学の道具など 250 万点から
なる世界最大の海洋関連コレクションが所蔵されている。インタラクティブな展
示やネルソン提督の記念の品々もある。素晴らしい海洋史参考図書館（蔵書 10
万冊）には 15 世紀の書物がある。

上：テムズ河のそばに建つ
旧王立海軍大学。
サー・クリストファー・レン
の設計とほとんど変わらない
姿をとどめている。

・

下：グリニッジ・マーケット
に出るストールのひとつ。
これは思わず手が出てしまう
お菓子のストール。

グリニッジ・パークは広さ 81 ヘクタールで、成木、花、ローズガーデンが美し
い。湖にはカモやハクチョウが泳ぎ、公園では様々な水鳥の姿が見られる。ティーパ
ビリオン、テニスコート、クリケットのピッチグラウンドがある。

グリニッジ・パークの丘の上に建つフラムスティード・ハウスはかつて王立天文台が
置かれていたところで、1675 年 6 月 22 日に設立され、チャールズ 2 世によりジョン・
フラムスティードが宮廷付き初代天文台長に任命された。大きな窓があり、天文観測には
理想的だった。それから 100 年も経たない 1762 年にジョン・ハ
リソンが信頼できるクロノメーターを開発して、どんな状況で
も海上で経度を測定できるようになり、多くの命が救われる
ことになる。1884 年には経度ゼロの本初子午線がここに
設定された。これを示す線の両側に脚を置けば、地球の
両側にまたがったと自慢できる。

タウンセンターにはグリニッジ・マーケットがあ
る。これは、ハンドメイドのアイテムや最新トレン
ド品が見つかるロンドンでも最高のマーケッ
トのひとつだ。

ロバート・バーンズの詩『シャンターのタム』に登場する魔女から名を取った「カティー・サーク号」は現存する唯一の茶輸送専門快速帆船だ。だが、汽船が登場し、1869年にスエズ運河が開通すると、その運命に変化が訪れる。最後に茶の積荷が運ばれたのは1877年だった。1954年にグリニッジに運ばれ、特別に建造した乾ドックに置かれて修復が行われた。河岸を少し行くと「ジプシー・モス4世号」がある。これは、サー・フランシス・チチェスターが1966年から翌67年にかけて単独世界一周に成功したヨットだ。帰国後、その功績に対してエリザベス2世から爵位を賜った。

上：クイーン・メアリー・コートにある旧王立海軍大学セント・ピーター＆セント・ポール礼拝堂はサー・クリストファー・レンと建築家トマス・リプリーが造ったもので、平らな天井が付けられた。1779年に火災で中が焼け、精緻なデザインとパステル調で再装飾が施された。

・

左：1869年にスコットランド、クライド河岸のダンバートンで進水した「カティー・サーク号」は、滑るようなラインと巨大な帆で、喜望峰を通って中国から茶を運ぶ最速の帆船となった。

・

下：17世紀に英国人博物学者ジョゼフ・バンクスが集めた植物コレクションにより世界の植物センターとなったキューの王立植物園（キュー・ガーデン）には、1762年に建てられたパゴダ、1840年代にデシマス・バートンが設計した蒸気のこもったパーム・ハウス、外国産の標本でいっぱいの巨大なヴィクトリア時代の温室などがある。

1759年、ジョージ3世の母后オーガスタ皇太子妃がキューの4ヘクタールの土地に王室の庭園を築かせた。これは1841年に王立植物園として一般に公開されるようになり、現在40,000種類以上の植物が集められている。植物学、園芸学、研究で世界的に評価の高いキュー・ガーデンは世界有数の公共の庭園で、2003年には世界遺産に指定された。最近登場したプリンセス・オブ・ウェールズ・コンサーバトリーには10の気候帯が設けられていて、サボテンやランも収められている。アクアティック・ガーデンでは美しいスイレンが見られるが、特に7月から9月にかけてが素晴らしい。敷地にはところどころにインタラクティブな展示もあって、散歩も楽しい。

ロンドン近郊

　　　　ハンプトン・コー
ト・パレスはイングランドで
一番古いチューダー朝の宮殿で、
1514 年にウルジー枢機卿が建てた
別荘だった。ヘンリー 8 世は幾分無
粋にも、6 人の妃のうち 3 人をハネム
ーンでここに連れてきている。グレー
ト・ホールにはヘンリー 8 世を囲んで
6 人の王妃が描かれたステンドグラス
が見られる。ホーンテッド・ギャラ
リーには、悲しそうに歩く 5 番目の妃キャサリン・ハワードの幽霊が出没すると言わ
れている。ステート・ルームには家具、タペストリー、ロイヤルコレクションの
巨匠の絵画が飾られ、チューダー宮廷の生活を垣間見ることができる。

上：24 ヘクタールに
わたって広がるハンプトン・
コート・パレスの庭園には、
有名な迷路、コートテニス場、
1702 年に造られた
ウィリアム 3 世のプリヴィ・
ガーデンがある。1768 年に
植えられたブドウの巨木は
今も繁茂する。
・

左：ハンプトン・コート・
パレスのアン・ブーリンの
入口にある天文時計は
1540 年にヘンリー 8 世の
ために造られた。
・

上：ウィンザー城。
サミュエル・ピープスは
1666年に、「世界で一番
美しい夢の城」と記した。
・

　900年以上にわたって王室の居城となっているウィンザー城は、居住に使われている世界最古で最大の城だ。1070年にウィリアム征服王が木造で砦を築いたのが始まりで、ロンドン塔から1日あれば着く距離にあり、ロンドンへの西からの攻撃を防ぐのが目的だった。ウィンザー城は公式行事に使用される。また、女王とその家族は、プライベートな週末のほとんどをウィンザー城で過ごす。

左：セント・ジョージ
礼拝堂には、ヘンリー 8 世
とその最愛の妃ジェーン・
シーモアを含めて、10 人の
王族が埋葬されている。
エリザベス皇太后も
ここに眠る。

・

左下：ウィンザー城で最も
印象的なのがラウンド・
タワーだ。東側から聳え、
狭間胸壁は高さ
25 メートル。17 世紀末まで
は牢獄として使われていた。

・

1992 年 11 月 20 日、猛火がウィンザー城を襲い、壮麗なステート・ルームが損壊したとき、女王は大きな衝撃を受けた。修復は 3,700 万ポンドを要し、ちょうど 5 年後の女王とエディンバラ公の成婚 50 周年記念日に完成した。無事だったホルバイン、ヴァン・ダイク、ルーベンスの作品は、現在城内に展示されている。セント・ジョージ礼拝堂は 1475 年にエドワード 4 世が建設を開始し、50 年後にヘンリー 8 世が完成させた。中に入れば、英国でも最高の中世の木細工と鉄細工を目にすることができる。礼拝堂は、英国の騎士団の中で最古かつ最高位のガーター勲爵士の守護聖人に捧げられている。ラウンド・タワーは 31 メートル× 29 メートルで、厳密には名前通り丸くない。女王が在城中はこの塔に女王旗が掲げられる。ウィンザー・グレート・パークは 1,943 ヘクタールにわたって広がり、サクソン時代の王たちに好まれた狩場が 1360 年代に城に併合されたものだ。この森には、リチャード 2 世が寵愛した狩人ハーンの幽霊が、雄鹿の枝角をつけ、幻の黒い雄馬にまたがり、黒い猟犬の群れの先頭に立って今も現れると言われている。

リッチモンド・パークはチャールズ1世が1637年に、敷地を囲うために13キロの壁を建てて狩場として造らせたものだ。今では、草地、湿地、大シダ、森林、古木のある国の自然保護区で、400年もの間、ダマジカやアカシカの群れの生息地となっている。イザベラ・プランテーションにはツツジが植えられ、春にはとりわけ美しい。リッチモンド・ゲートは有名な造景家ケイパビリティー・ブラウンが1798年に造ったものだ。ヘンリー8世の小丘は、1536年にヘンリー8世が、前妃アン・ブーリン処刑の知らせをもどかしげに待った場所だ。1729年に建てられたホワイト・ロッジは、今は世界的に有名なロイヤル・バレエ学校となっている。サイクリングルート、ゴルフコース、乗馬コースがあるほか、夏には様々なイベントが開催される。

14世紀から16世紀にかけて王宮だったエルタム宮殿は、エドワード4世やヘンリー8世が幼少時代を過ごしたところだ。1933年に大富豪のスティーヴン・コートールドに賃貸された。彼はインテリアを明るいアールデコ調にし、モダンな邸宅を建てた。屋敷には、高いハンマービームの屋根と東洋風の窓がある古いグレート・ホールが組み込まれている。

上：エルタム宮殿には様々な時代の異なる様式が混ざっていて、アールデコのほか、歴史や古典をモチーフにしたものが見られる。

右：リッチモンド・パークから少し歩けば、テムズ河岸の突堤でローボートやホリデーボートをレンタルできる。

ロンドン近郊

インフォメーション

ほとんどの見どころは年間を通じてオープンしていますが、12 月 25 日と 26 日、また一部祝祭日に休館となります。事前に休館日を確認なさるようお勧めします。
🚇 最寄り地下鉄駅
🚉 最寄り鉄道駅

イングランド銀行博物館
Bartholomew Lane, EC2
Tel: 020 7601 4878
www.bankofengland.co.uk/museum
🚇 Bank、ドックランズ・ライト・レイルウェイ

バンケティング・ハウス
Whitehall, SW1
Tel: 020 7930 4179
www.hrp.org.uk
🚇 Westminster

バービカン・センター
Silk Street, EC2Y
Tel: 020 7638 8891
www.barbican.org.uk
🚇🚉 Barbican

ブリテン・アット・ウォー・エクスペリエンス
64–66 Tooley Street, SE1 2TF
Tel: 020 7403 3171
www.britainatwar.co.uk
🚇🚉 London Bridge

大英図書館
96 Euston Road, NW1
Tel: 020 7412 7332
www.bl.uk
🚇🚉 Euston/King's Cross

大英博物館
Great Russell Street, WC1
Tel: 020 7323 8299
www.thebritishmuseum.ac.uk
🚇 Tottenham Court Rd/Russell Square

バッキンガム宮殿
ステート・ルーム：8 月〜 9 月に公開
Tel: 020 7321 2233
www.royal.gov.uk
🚇 St James's Park/Green Park/🚇🚉 Victoria

キャビネット・ウォー・ルーム
Clive Steps, King Charles Street, SW1A
Tel: 020 7930 6961
www.iwm.org.uk
🚇 Westminster/St James's Park

衛兵交替式
バッキンガム宮殿：
4 月〜 6 月 毎日 11:30
7 月〜 3 月末 隔日
www.royal.gov.uk
🚇 St James's Park/Green Park/🚇🚉 Victoria
ホース・ガーズ（ホワイトホール）：
毎日 月〜土 11:00、日 10:00
🚇 Westminster/🚇🚉 Charing Cross

チャールズ・ディケンズ博物館
48 Doughty Street, WC1N
Tel: 020 7405 2127
www.dickensmuseum.com
🚇 Russell Square/Chancery Lane

コートールド・インスティチュート美術館
サマセット・ハウスを参照

コヴェント・ガーデン
www.coventgarden.uk.com
🚇 Covent Garden

カティー・サーク号
King William Walk, Greenwich, SE10
Tel: 020 8858 3445
www.cuttysark.org.uk
🚉 Cutty Sark（ドックランズ・ライト・レイルウェイ）、Greenwich/Maze Hill、または Westminster/Charing Cross/Tower Hill から Greenwich Pier まで遊覧船

ジプシー・モス 4 世号
Cutty Sark Gardens, Greenwich, SE10
Tel: 020 8858 3445
www.greenwich.gov.uk
🚉 カティー・サーク号と同様

ギルドホール
Gresham St, EC2
Tel: 020 7606 3030
www.cityoflondon.gov.uk
🚇 Bank/St Paul's/Mansion House

ハンプトン・コート・パレス
East Molesey, Surrey
Tel: 0870 752 7777
www.hrp.org.uk
🚉 Hampton Court

ヘイワード・ギャラリー
ロイヤル・フェスティバル・ホールを参照

H.M.S. ベルファースト号
Morgan's Lane, Tooley Street, SE1
Tel: 020 7940 6300
www.iwm.org.uk
🚇🚉 London Bridge、または Tower Pier からフェリー

国会議事堂
Parliament Square, SW1A
Tel: 020 7219 3000
www.parliament.uk
🚇 Westminster

帝国戦争博物館
Lambeth Road, SE1
Tel: 020 7416 5320
www.iwm.org.uk
🚇 Lambeth North/Elephant & Castle/Southwark

ケンジントン宮殿ステート・アパートメント
Kensington Gardens, W8
Tel: 020 7937 9561
www.hrp.org.uk
🚇 High Street Kensington

キュー・ガーデン（王立植物園）
Kew, Richmond, Surrey
Tel: 020 8332 5655
www.rbgkew.org.uk/visitor
🚉 Kew Gardens

ロンドン・アクアリウム
County Hall, Westminster Bridge Road, SE1
Tel: 020 7967 8000
www.londonaquarium.co.uk
🚇🚉 Waterloo/🚇 Westminster

ロンドン・ブラス・ラビング・センター
St Martin-in-the-Fields Church, Trafalgar Square, WC2N
Tel: 020 7930 9306
🚇🚉 Charing Cross

国会議事堂時計塔

バッキンガム宮殿

衛兵交替式

ニールズ・ヤード（コヴェント・ガーデン）

ナショナル・ギャラリー

自然史博物館

ロイヤル・オペラ・ハウス

ロイヤル・アルバート・ホール

ロンドン・ダンジョン
28/34 Tooley Street, SE1
Tel: 020 7403 7221
www.thedungeons.com
⊖🚇 London Bridge

ロンドン・アイ
South Bank, SE1
Tel: 0870 5000 600
www.londoneye.com
⊖ Embankment/Westminster/
⊖🚇 Waterloo

ロンドン・トロカデロ
1 Piccadilly Circus, W1
Tel: 09068 881 100
www.londontrocadero.com
⊖ Piccadilly Circus

ロンドン交通博物館
Covent Garden, WC2E
Tel: 020 7565 7299
www.ltmuseum.co.uk
⊖ Covent Garden/Leicester Square

ロンドン動物園
Regent's Park, NW1
Tel: 020 7722 3333
www.londonzoo.co.uk
⊖ Regent's Park/Camden Town

マダム・タッソー蝋人形館
Marylebone Road, NW1
Tel: 0870 400 3000
www.madame-tussauds.com
⊖ Baker Street

ロンドン大火記念塔
Monument Street, EC3
Tel: 020 7626 2717
www.cityoflondon.gov.uk
⊖ Monument

ドックランズ博物館
No. 1 Warehouse, West India Quay
Hertsmere Road E14
Tel: 0870 444 3857
www.museumindocklands.org.uk
⊖ Canary Wharf

ロンドン博物館
London Wall, EC2Y
Tel: 0870 444 3851
www.museum-london.org.uk
⊖🚇 Barbican/⊖ St Paul's

ナショナル・ギャラリー
Trafalgar Square, WC2N
Tel: 020 7747 2885
www.nationalgallery.org.uk
⊖🚇 Charing Cross/⊖ Leicester Square

国立海事博物館
Romney Road, Greenwich, SE10
Tel: 020 8312 6565
www.nmm.ac.uk
🚇 Cutty Sark/Greenwich/Maze Hill、また
は Westminster/Charing Cross/Tower Pier
から Greenwich Pier まで遊覧船

ナショナル・ポートレート・ギャラリー
St Martin's Place, WC2
Tel: 020 7306 0055
www.npg.org.uk
⊖🚇 Charing Cross/⊖ Leicester Square

自然史博物館
Cromwell Road, South Kensington, SW7
Tel: 020 7942 5011
www.nhm.ac.uk
⊖ South Kensington

ペチコート・レーン・マーケット
Wentworth Street, E1 （月～金）
Middlesex Street, E1 （日）
⊖🚇 Liverpool Street/⊖ Aldgate East

ポートベロー・ロード・マーケット
Portobello Road, W11
Tel: 020 7229 8354
www.portobelloroad.co.uk
オープン：土のみ 8:00-20:00
⊖ Ladbroke Grove/Notting Hill Gate

クイーンズ・ギャラリー
Buckingham Palace Road, SW1
Tel: 020 7766 7301
www.royal.gov.uk
⊖🚇 Victoria/⊖ St James's Park/Green Park

王立美術院
Burlington House, Piccadilly, W1J
Tel: 020 7300 8000
www.royalacademy.org.uk
⊖ Piccadilly Circus/Green Park

ロイヤル・アルバート・ホール
Kensington Gore, SW7
Tel: 020 7589 8212
www.royalalberthall.com
⊖ South Kensington/High Street Kensington

ロイヤル・フェスティバル・ホール
Belvedere Road, SE1
Tel: 020 7921 0600
www.rfh.org.uk
⊖🚇 Waterloo

ロイヤル・ミューズ
Buckingham Palace Road, SW1A
Tel: 020 7766 7302
www.royal.gov.uk
⊖🚇 Victoria/⊖ Green Park

旧王立天文台
国立海事博物館を参照

ロイヤル・オペラ・ハウス
Covent Garden, WC2E
Tel: 020 7304 4000
www.royalopera.org
⊖ Covent Garden

サーチ・ギャラリー
County Hall, Westminster Bridge, SE1
Tel: 020 7823 2363
www.saatchi-gallery.co.uk
⊖🚇 Waterloo

セント・マーティン・イン・ザ・フィールズ教会
Trafalgar Square, WC2
Tel: 020 7766 1100
www.stmartin-in-the-fields.org
⊖🚇 Charing Cross

セント・ポール大聖堂
Ludgate Hill, EC4
Tel: 020 7236 4128
www.stpauls.co.uk
⊖ St Paul's/Mansion House

科学博物館
Exhibition Road, SW7
Tel: 0870 870 4868
www.sciencemuseum.org.uk
⊖ South Kensington

シェイクスピア・グローブ座
21 New Globe Walk, Bankside, SE1
Tel: 020 7902 1400
www.shakespeares-globe.org
⊖ Southwark/London Bridge/Mansion
House 🚇 London Bridge

シャーロック・ホームズ博物館
221b Baker Street, NW1
Tel: 020 7935 8866
www.sherlock-holmes.co.uk
⊖Baker Street

サマセット・ハウス
Strand, WC1
Tel: 020 7845 4600
www.somerset-house.org.uk
⊖Temple/Covent Garden

テート・ブリテン
Millbank, SW1P
Tel: 020 7887 8000
www.tate.org.uk
⊖Pimlico

テート・モダン
Bankside, SE1
Tel: 020 7887 8000
www.tate.org.uk
⊖Southwark/Blackfriars、またはテート・
ブリテンとロンドン・アイとテート・モダン
間を運航する遊覧船「Tate to Tate 号」

テムズ・バリア・ビジター・センター
Unity Way, Woolwich, SE18
Tel: 020 8305 4188
🚆Charlton、または Westminster Pier から
か Greenwich 経由の遊覧船

タワー・ブリッジ
SE1
Tel: 020 7403 3761
www.towerbridge.org.uk
⊖Tower Hill

ロンドン塔
Tower Hill, EC3N
Tel: 0870 756 6060
www.hrp.org.uk
⊖Tower Hill

トゥルーピング・ザ・カラー
バッキンガム宮殿（SW1）からザ・マルを抜
けてホワイトホールのホース・ガーズ・パレ
ードに向かい、また戻る
時間：女王の公式誕生日（6 月の第 2 土曜日）
11:00
⊖🚆Charing Cross/⊖Westminster

ヴィクトリア&アルバート博物館
Cromwell Road, South Kensington SW7
Tel: 020 7942 2000
www.vam.ac.uk
⊖South Kensington

ウェストミンスター寺院
Parliament Square, SW1P
Tel: 020 7654 4900
www.westminster-abbey.org
⊖Westminster/St James's Park

ウェストミンスター大聖堂
Ashley Place, SW1P
Tel: 020 7798 9055
www.rcdow.org.uk
⊖🚆Victoria

ウィンザー城
Windsor, Berkshire
Tel: 020 7766 7304
www.windsor.gov.uk/attractions/castle.htm
🚆Windsor

バス情報と無料バス・マップのお求め
London Transport, 55 Broadway,
London, SW1
Tel: 020 7222 5600（週 7 日 24 時間営業）
⊖St James's Park

主要ツーリスト・インフォメーション・
センター：

ブリテン&ロンドン・ビジター・センター
1 Regent Street, Piccadilly Circus
SW1Y 4XT
Tel: 020 8846 9000
www.visitbritain.com
営業：月 9:30-18:30 火〜金 9:00-18:30
[3 月〜9 月] 土 9:00-17:00 日 10:00-
16:00 [10 月〜2 月] 土日 10:00-16:00
⊖Piccadilly Circus

ロンドン・ビジター・センター
Arrivals Hall, Waterloo International
Terminal, SE1 7LT
営業：毎日 8:30-22:30
⊖🚆Waterloo

シティー・オブ・ロンドン・
インフォメーション・センター
St Paul's Churchyard, EC4M 8BX
Tel: 020 7332 1456
e-mail: stpauls.informationcentre@
corpoflondon.gov.uk
営業：[4 月〜9 月] 毎日 9:30-17:00
[10 月〜3 月] 月〜金 9:30-17:00
土 9:30-12:30
⊖St Paul's/Mansion House

サザーク・ツーリスト・
インフォメーション・センター
Vinopolis, 1 Bank End, SE1 9BU
Tel: 020 7357 9168
www.visitsouthwark.com
営業：火〜日 10:00-18:00
🚆London Bridge

グリニッジ・ツーリスト・
インフォメーション・センター
Pepys House, 2 Cutty Sark Gardens,
SE10 9LW
Tel: 0870 608 2000
www.greenwich.gov.uk
営業：毎日 10:00-17:00
カティー・サーク号を参照

ロイヤル・ウィンザー・
インフォメーション・センター
24 High Street, Windsor, Berkshire
Tel: 01753 743900
www.royal-windsor.com/info.htm
営業：土 10:00-17:00 日〜金 10:00-16:00
🚆Windsor

本リストに記載されている情報の正確性に
は万全を期しておりますが、誤りや脱落に
関する責任は負いかねますのでご了承くだ
さい。

サマセット・ハウス

テムズ・バリア

ウェストミンスター寺院

ウィンザー城

シティーマップ

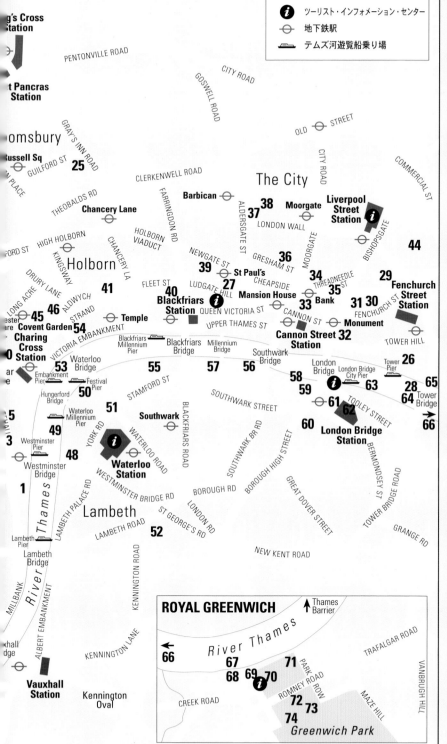

凡例:
ツーリスト・インフォメーション・センター
地下鉄駅
テムズ河遊覧船乗り場

King's Cross Station
St Pancras Station
PENTONVILLE ROAD
CITY ROAD
GOSWELL ROAD
Bloomsbury
Russell Sq 25
GRAY'S INN ROAD
GUILFORD ST
THEOBALDS RD
Chancery Lane
CLERKENWELL ROAD
FARRINGDON RD
The City
Barbican 38
37
Moorgate
Liverpool Street Station
BISHOPSGATE
COMMERCIAL ST
HIGH HOLBORN
HOLBORN VIADUCT
Holborn
CHANCERY LA
KINGSWAY
DRURY LANE
LONG ACRE
Aldwych
STRAND
41
NEWGATE ST
ALDERSGATE ST
LONDON WALL
GRESHAM ST
36
39
St Paul's
27
Ludgate Hill
CHEAPSIDE
THREADNEEDLE ST
34
35
29
Fenchurch Street Station
44
FLEET ST
40
Blackfriars Station
Mansion House
33 Bank
31 30
FENCHURCH ST
45 46
54
Temple
QUEEN VICTORIA ST
UPPER THAMES ST
CANNON ST
Monument
TOWER HILL
Covent Garden
Charing Cross Station
VICTORIA EMBANKMENT
Cannon Street Station 32
26
Tower Pier
65
53
Waterloo Bridge
Blackfriars Millennium Pier
Blackfriars Bridge
Millennium Bridge
55
57
56
Southwark Bridge
London Bridge
London Bridge City Pier
63
28 64
Tower Bridge
Embankment Pier
Festival Pier
50
58
59
61 62
Hungerford Bridge
STAMFORD ST
51
Southwark
BLACKFRIARS ROAD
SOUTHWARK STREET
60
London Bridge Station
TOOLEY ST
66
Waterloo Millennium Pier
49
YORK RD
WATERLOO ROAD
SOUTHWARK BR RD
BERMONDSEY ST
TOWER BRIDGE ROAD
Westminster Pier
48
Waterloo Station
WESTMINSTER BRIDGE RD
BOROUGH HIGH STREET
Westminster Bridge
1
River Thames
Lambeth
LAMBETH PALACE RD
BOROUGH RD
LONDON RD
GREAT DOVER STREET
GRANGE RD
Lambeth Pier
Lambeth Bridge
ST GEORGE'S RD
52
LAMBETH ROAD
KENNINGTON ROAD
NEW KENT ROAD
MILLBANK
ALBERT EMBANKMENT
Vauxhall Station
Kennington Oval
KENNINGTON LANE
CREEK ROAD

ROYAL GREENWICH
↑ Thames Barrier
River Thames
← 66
67
71
68 69 70
PARK ROW
ROMNEY ROAD
TRAFALGAR ROAD
VANBRUGH HILL
72 73
MAZE HILL
74
Greenwich Park

謝辞

写真掲載にご協力くださった以下の皆様に
感謝の意を表します。
British Museum: P23 上
Collections: P11 右下 (Malcolm Crowthers),
P14 下 (Brian Shuel), P24 上 (Eric Lewis),
P29 下 (James Bartholomew), P36 上 (Brian Shuel),
P39 下 (Oliver Benn), P43 下 (Nigel Hawkins),
P45 下 (Michael George), P49 中 (Liz Stares)
English Heritage: P60 上
Tim Graham: P4, P18, P59 下
Historic Royal Palaces: P26 左下, P27 上,
P28 下, P29 上
Anwar Hussein: P16 下, P28 上
Imperial War Museum: P6 上
Pitkin Publishing: P3 左下, P5 左上, P6 右下,
P7 両方, P8 両方, P9, P10 両方, P11 上, P12 上,
P13 両方, P14 上, P17 下, P22 下, P25 下,
P26 上, P27 下, P30 両方, P31, P32 上, P33,
P34 下, P37 右, P40 両方, P45 右中, P47 右下,
P58, P59 上, P61 上から 3 番目, P62 上から
3 番目, P63 上から 3 番目と一番下
Sampson Lloyd: P34 上
London Dungeon: P50 右
London Zoo: P23 右下
London's Transport Museum: P41
Madame Tussaud's: P24 下
Museum of London: P36 下, P51 右下
National Gallery: P15 上
National Portrait Gallery, London: P15 下
Natural History Museum: P22 上
The Royal Collection (c) 2004, Her Majesty
Queen Elizabeth II: P19 上 (Derry Moore 撮影),
P19 下
St Paul's Cathedral: P32 下
Shakespeare's Globe Theatre: P49 上
© Tate, London 2004: P6 左中
Geraint Tellem: 表紙, 表紙内側〜P1, P2, P3 右,
P5 右, P12 下, P13 右, P17 上, P20 左上, P21,
P25 上, P35, P37 下, P38, P39 上, P42〜P43,
P43 下, P44, P45 上, P46〜P47, P46 中と下,
P47 中, P48 両方, P49 下, P50〜P51, P51 中,
P52 両方, P53, P54 両方, P55 両方, P56〜P57,
P56 左下, P57 下, P60 下, P61 一番上と上から
2 番目と一番下, P62 一番上と上から 2 番目と
一番下, P63 一番上と上から 2 番目
Victoria & Albert Museum: P20 下

執筆: Gavan Naden / Max Riddington
(著者として道義上の権利を留保)
編集: Sarah Pickering
デザイン: John Buckley
翻訳・DTP: リンクアップ三鷹
(Link Up Mitaka)
マップ提供: The Map Studio Ltd, Romsey,
Hants

本体裁による出版 © Pitkin Publishing 2005,
latest reprint 2009.

ジャロルド・パブリッシングおよび著作権
所有者の許可なしに、方法の如何を問わず、
本書のいかなる部分も複製することはでき
ません。

ユニクロームはジャロルド・パブリッシング
(ノリッチ) の出版物です。

Printed in Great Britain
ISBN 978-1-84165-252-8   2/09

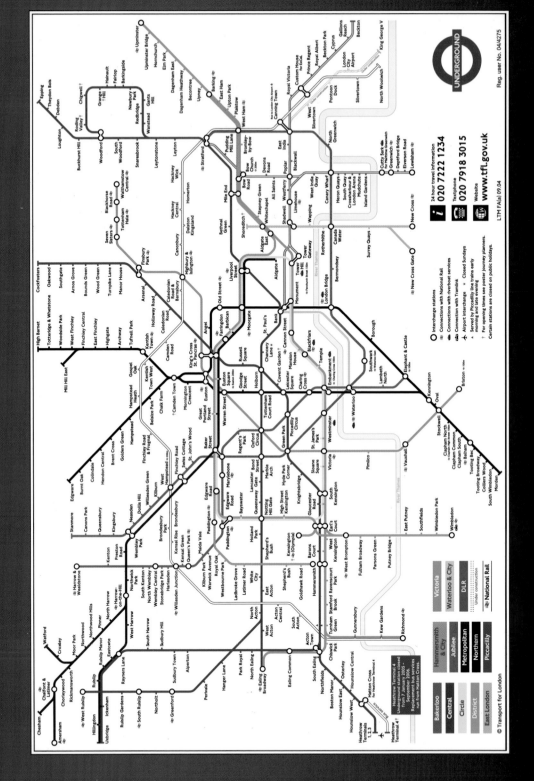

UNDERGROUND (地下鉄路線図)

JAPANESE

UNICHROME

ISBN: 978-1-84165-252-8

9 781841 652528

Crochet your
CHRISTMAS BAUBLES

25 Christmas Decorations to Make